생각을 여는

처음탄탄 한국사

02
삼국 시대와
남북국 시대

생각을 여는

처음탄탄 한국사

02
삼국 시대와
남북국 시대

김태규 글 | 이소영 그림

스푼북

차례

01 고구려가 처음부터 강한 나라가 아니었다고? 7

02 백제가 삼국 중 가장 먼저 한강 유역을 차지했다고? 15

03 신라에서는 왜 박씨, 석씨, 김씨가 번갈아 왕이 되었을까? 21

04 가야가 철의 왕국이라 불린 이유는? 27

05 관리들의 옷 색깔을 정한 이유는 무엇일까? 33

06 삼국에 불교가 널리 퍼졌다고? 39

07 삼국은 왜 한강을 차지하려고 싸웠을까? 47

08 무덤을 통해 사람들의 생활 모습을 짐작할 수 있다고? 53

09 고구려가 수나라 백만 대군을 막아 냈다고?   _59

10 신라는 어떻게 삼국을 통일했을까?   _67

11 신라 사람들이 부처의 나라를 꿈꾸며 만든 것은?   _73

12 신라 무덤에서 유리그릇이 발견됐다고?   _79

13 발해를 왜 해동성국이라 불렀을까?   _85

14 최치원은 왜 어린 나이에 유학을 떠났을까?   _93

15 장보고가 바다의 수호자가 되었다고?   _99

∘ 연표 _ 106
∘ 찾아보기 _ 108
∘ 사진 저작권 _ 110

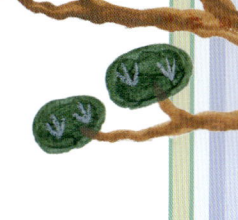

고구려가 처음부터 강한 나라가 아니었다고?

"언니, 아직 아무것도 안 보여?"
"잠깐만…… 어어! 저기 보인다, 보여! 아빠도 함께 오셨겠지?"
아리는 동생과 함께 마을 뒷산에서 전쟁에 나간 아버지가 오기만을 기다렸어. 그때 먼 곳에서 부연 먼지구름이 커다랗게 일었지. 먼지구름 맨 앞에서 용맹히 달려오는 사람은 이번에 적을 크게 물리쳤다는 임금님이 분명했어. 이 임금님은 누구이고, 어떤 나라와 싸워 승리한 걸까?

건국 설화에 따르면 고구려를 세운 사람은 부여 출신의 주몽이야. 주몽이 터를 잡은 곳은 압록강 근처의 졸본(중국 랴오닝성 환런현)이었어. 이후 주몽의 뒤를 이은 유리왕이 수도를 국내성(중국 지린성 지안)으로 옮겼지.

국내성은 졸본보다 땅이 넓고 주변이 험한 산으로 둘러싸여 있어 적의 공격을 막기에 유리했어. 고구려는 주변의 작은 나라를 하나둘 정복하며 조금씩 성장해 나갔지.

▲ 국내성 성벽
국내성은 압록강 중류에 자리한 곳으로, 고구려 사람들은 이곳에 돌로 성을 쌓고 도읍으로 삼았어. 지금은 성벽 일부만 남아 있지.

나라가 점점 커질수록 전쟁이 잦아졌어. 전쟁에서 활약할 군사들이 필요해지면서 고구려에서는 무예가 뛰어난 사람을 떠받드는 분위기가 만들어졌단다.

고구려는 동쪽으로 땅이 기름지고 해산물이 풍부한 옥저까지 정복

하고, 서쪽으로는 요동*을 공격해 땅을 넓히려 했어. 전쟁에서 여러 번 승리를 거두며 그 지역을 다스리던 중국의 지방관을 죽이는 성과도 올렸지.

요동
중국 만주 지방의 남부 평야에 흐르는 랴오허강의 동쪽 지역이야.

활발한 정복 활동 덕분에 고구려는 나날이 영토가 넓어지고 백성이 크게 늘어났어. 나라가 강해지면서 왕의 힘도 차츰 커졌지.

이제 고구려는 부족 중심이 아닌 왕 중심의 나라로 거듭나게 됐어. 왕은 각 부족장에게 귀족 신분과 높은 자리를 주고 나랏일을 맡아보게 했지. 그리고 고구려의 제9대 왕인 고국천왕이 다스릴 무렵, 왕위를 잇는 방식도 형제 상속에서 부자 상속으로 바뀌었단다.

형제끼리 왕위를 물려주고 물려받던 때에는 귀족들이 회의를 열어 적당한 사람을 왕으로 내세웠어. 그러다 보니 당연히 왕은 귀족의 눈

▶ **국내성 주변의 고구려 무덤들**
국내성 주변에는 많은 무덤이 몰려 있어. 무덤은 돌을 잔뜩 쌓아 만들었는데, 이런 형태를 돌무지무덤이라고 해.

치를 살펴야 했어. 그런데 왕위를 아버지가 아들에게 물려주는 방식으로 바뀌자 귀족들의 힘은 약해지고 왕권이 강화되었지.

이렇게 든든하게 입지를 다진 고국천왕은 '진대법'을 실시해 백성의 삶을 돌보는 데에도 힘썼어. 진대법은 매해 봄부터 여름까지 백성에게 곡식을 빌려주었다가 추수가 끝난 뒤 빌린 곡식에 약간의 이자를 쳐서 갚게 하는 제도야. 백성이 굶주려 목숨을 잃거나 먹고살 길을 찾아 뿔뿔이 흩어지지 않도록 한 것이지.

4세기 초, 고구려는 중국이 북방 이민족의 침입으로 혼란스러운 틈을 타 남쪽으로는 지금의 대동강 유역에 있었던 낙랑군을 쫓아내고, 북쪽으로는 요동 지역으로 진출해 영토를 넓혔어. 그사이 중국에서 세력을 키우던 전연*의 공격으로 수도인 국내성이 무너지거나 백제와의 전쟁에서 왕이 목숨을 잃는 등 큰 위기를 겪었지. 그렇지만 고구려는 시련을 딛고 다시 일어섰어. 광개토 대왕이 강력한 군대를 이끌며 고구려의 영토를 크게 넓혔거든.

전연(337~370년)
유목 민족인 선비족이 랴오허강 서쪽 지역에 세운 나라야. 고구려와 국경을 맞대며 여러 차례 전쟁을 벌였지.

연호
왕이 즉위한 해 혹은 특정 연도를 시작으로 햇수를 세는 기준이자 호칭이야.

광개토 대왕은 왕위에 오르면서 연호*를 '영락'이라 정했어. 그리고 군사를 키워 백제를 공격해 백제 왕을 무릎 꿇렸지. 또한 강국 후연과 전쟁을 벌여 요동의 넓은 땅을 손에 넣었을 뿐 아니라 동부여까지 차지했어. 고구려가 가는 곳마다 승리를 거두자 이웃 나라들은 고구려를 두려워했지.

광개토 대왕의 뒤를 이은 장수왕은 아주 오랫동안 왕위에 있으면서 고구려의 전성기를 이어 갔어. 장수왕은 농사지을 땅이 훨씬 넓고 따뜻한 남쪽의 평양성으로 수도를 옮겼지. 광개토 대왕이 북쪽으로 영토

▲ 장수왕 시기 고구려의 영토

를 넓혔다면, 장수왕은 남쪽으로 영토를 넓히는 남진 정책을 펼쳤어. 475년에 3만 명의 군대를 이끌고 백제를 침략했지. 이때 백제 수도 한성을 불태우고 백제 왕을 죽여 조상의 원수를 갚았어. 수도를 빼앗긴 백제는 허겁지겁 남쪽으로 피난을 떠났어. 이로써 한강 유역은 고구려의 땅이 되었지.

이렇게 크게 땅을 넓힌 고구려는 약 100년 넘게 전성기를 누리며 눈부신 발전을 이뤘단다.

고구려 왕의 이름은 어떻게 지었을까?

고려와 조선 시대에는 왕이 세상을 떠난 뒤에 그 왕의 업적을 따져 보고 왕의 호칭을 정했어. 그래서 우리가 알고 있는 고려와 조선 시대 왕의 이름은 왕이 살아 있을 때 사용한 이름이 아니야. 후대에 붙여진 이름이지.

그런데 고구려는 고려, 조선 시대와 다른 방식으로 왕의 호칭을 정했어. 먼저 세상을 떠난 왕이 어떤 곳에 묻혀 있는지를 호칭에 나타냈어. 고국천왕은 '고국천'이라는 강가에, 고국원왕은 '고국원'이라는 언덕에, 소수림왕은 '소수림'이라는 숲에 왕릉이 만들어져서 지어진 호칭이야.

한편으로는 왕이 이룩한 업적이나 특징으로 칭호를 짓기도 했어. 고구려를 전성기로 이끈 광개토 대왕과 장수왕이 이런 방식으로 칭호를 받았어. 광개토 대왕의 정식 칭호는 '국강상광개토경평안호태왕'인데, 이를 줄여 광개토 대왕이라 부르지. '광개토'는 '땅을 널리 개척했다'는 뜻이야. 한반도를 넘어 너른 만주 벌판을 호령했던 왕에게 아주 꼭 알맞은 이름이지.

광개토 대왕의 아들 장수왕은 394년에 태어나 413년에 왕위에 올랐어. 그리고 491년에 세상을 떠나기 전까지 무려 78년 동안 나라를 다스렸지. 평균 수명이 길어진 오늘날 기준으로도 엄청나게 오래 산 셈이

야. 평균 수명이 무척 짧았던 옛날 사람들에게는 더욱 대단해 보였겠지? 그래서 장수왕은 오래 살았다는 의미에서 '장수'라는 칭호가 붙게 된 거란다.

백제가 삼국 중 가장 먼저 한강 유역을 차지했다고?

"아버지, 꼭 이사를 가야 해요? 여기서 더 살고 싶은데……."
"비류 왕자도 세상을 떠났으니 다른 곳으로 옮겨야지. 그렇지 않아도 여긴 농사짓고 살기 어려운 곳이었어."
도미는 아버지의 말에 울상이 되었어. 연이은 흉년으로 아무리 농사짓기 힘들다지만 정든 마을을 두고 떠나야 한다는 게 너무 아쉬웠거든. 도미 가족은 어디로 이사를 가고 있는 걸까?

부여에서 아버지 주몽을 찾아온 유리가 고구려의 태자가 되었어. 비류와 온조 두 왕자는 새 땅을 찾아 떠났다고 해. 고구려를 떠나 남쪽으로 내려온 비류와 온조 형제는 각각 다른 곳에 나라를 세웠어. 형 비류는 미추홀(인천)에, 동생 온조는 한강 근처 위례성(서울)에 터를 잡았지. 하지만 비류는 나라의 기틀을 채 다지지 못하고 세상을 떠났어. 비류를 따랐던 신하와 백성은 온조의 밑으로 들어갔고, 온조

는 세력을 크게 키워 마침내 백제를 세웠어. 도미는 아빠를 따라 미추홀에서 한강 유역에 자리한 위례성으로 향하던 거였어.

　백제가 자리 잡은 한강 유역은 땅이 기름져서 농사가 잘되었어. 그래서 경제적으로 여유로웠지. 또 한강을 통해 황해로 나가기 쉬웠어. 덕분에 백제는 일찍이 바다 건너 중국과 교류하며 중국의 선진 문화를 쉽게 받아들일 수 있었지. 이런 이유로 백제는 일찍부터 문화를 발달시킬 수 있었던 거야.

　한강 유역에서 조금씩 성장하던 백제는 3세기 즈음부터 나라의 틀이 잡히기 시작했어. 정복 활동을 활발히 벌여 위쪽으로는 고구려와 국경을 맞대고 아래로는 마한 지역으로 조금씩 영토를 넓혔지. 이 과

▼ **서울 풍납동 토성**
서울시 송파구 풍납동에 있는 백제 초기의 토성이야. 유물 발굴 결과 백제의 왕성으로 추정돼.

정에서 백제의 왕권은 점점 강해졌어.

왕은 국가 체제를 정비했어. 그리고 관직, 즉 관리들의 벼슬을 16개 등급으로 나누고 각 등급마다 입는 옷의 색깔을 정했지. 옷의 색깔로 관직의 높낮이를 나타낸 거야. 또 각 지방의 행정 구역도 갖추었어.

그리하여 백제는 4세기 후반, 근초고왕 때 전성기를 맞이했어. 근초고왕은 차근차근 영토를 넓혀 마한 지역을 대부분 정복했어. 그리고 가야를 압박해 낙동강 서쪽 지역을 손에 넣었지. 고구려와도 전쟁을 벌여 오늘날 황해도 지역을 차지했어. 그리고 평양성을 공격해 고구려 왕의 목숨을 빼앗았지.

이렇게 영토를

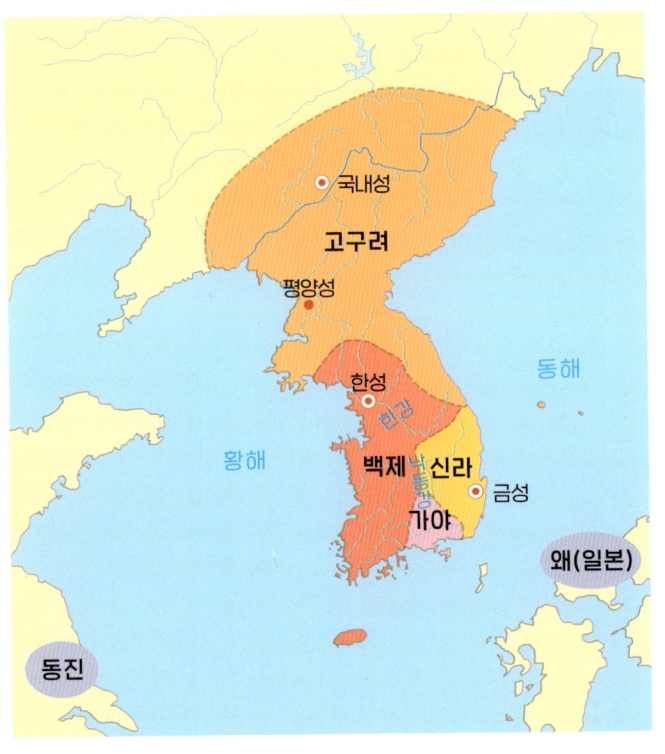

▲ 백제의 전성기

넓혀 나간 근초고왕은 외교에도 힘써 중국의 동진, 왜(일본)와 교류했어. 백제는 동진에서 앞선 문물을 받아들였고, 왜에 학자와 기술자를 보내 학문과 기술을 전해 주었지.

근초고왕 때 영토를 크게 넓힌 백제는 한강 주변 땅은 물론 황해도부터 한반도 남부까지를 지배하는 강국이 되었어. 근초고왕 이후에도 백제는 다른 나라들과 경쟁하며 삼국의 단단한 한 축으로 성장해 나갔단다.

▲ 검은 닭 모양 항아리
검고 둥근 몸체에 닭 머리 모양의 입구와 손잡이가 달려 있어. 중국에서 만들어져 백제에 전해졌대.

동진과 활발히 교류하고.

왜에 학문과 기술을 전해 줬지.

백제에서 만든 칼이 왜 일본에 있을까?

'칠지도'라는 유물을 들어본 적 있니? 칠지도란 '일곱 개의 칼날이 나뭇가지처럼 뻗어 나온 칼'이란 뜻이야. 칼이라고 하면 무기로 생각하기 쉽지만, 칠지도는 무기로 제작된 것은 아니야. 크기가 75센티미터 남짓이라 무기로 쓰기에는 너무 짧거든. 칠지도는 백제가 왜왕에게 보낸 선물로 알려져 있어.

왜에 칠지도를 보낸 건 두 나라의 사이를 돈독히 다지기 위해서였어. 이때 백제는 고구려를 여러 차례 물리치고 강대국으로 성장했어. 그러자 위기를 느낀 고구려는 신라와 힘을 합쳐 백제를 견제했지.

두 나라에 둘러싸이게 된 백제는 이웃한 가야와 바다 건너 왜를 자기편으로 끌어들였어. 백제는 왜와 손을 잡기 위해 그들에게 선진 문화를 전해 주었어. 이때 왜에 보낸 선물 중 하나가 바로 칠지도였단다. 나라를 발전시키기 위해 백제의 선진 문물이 꼭 필요했던 왜는 백제의 사신을 반겼고, 이에 두 나라는 가까운 사이가 되었지.

▶ 칠지도(복제 유물)

신라에서는 왜 박씨, 석씨, 김씨가 번갈아 왕이 되었을까?

"왕이 죽으면 왕위는 당연히 왕의 아들이 잇는 거 아니야?"
역사책을 읽던 경주는 궁금한 게 생겼어. 책에 신라는 다른 나라와 달리 서로 다른 성을 가진 사람들이 번갈아 왕이 되었다고 쓰여 있었거든. 왜 신라는 박씨, 석씨, 김씨가 번갈아 왕위에 올랐을까?

⋮

신라를 건국한 사람은 박혁거세야. 커다란 박처럼 생긴 알에서 태어났다고 해서 박씨 성을 붙였지. 박혁거세에 이어 그의 아들과 손자가 각각 신라 제2대 왕 남해 차차웅, 제3대 왕 유리 이사금으로 왕위를 이었어. 유리 이사금이 죽고 나자 탈해 이사금이 제4대 왕으로 즉위했단다. 그런데 탈해의 성은 석씨였어. 그리고 신라의 13번째 왕은

박씨 ➡ 석씨 ➡ 김씨

미추 이사금인데, 성이 김씨였지.

신라 왕들의 성을 따져 보니 박씨, 석씨, 김씨가 번갈아 왕이 되었어. 7명의 박씨가 왕위에 올랐고, 8명의 석씨가 왕이 되었지. 제17대 왕 내물 마립간 때부터는 대부분 김씨가 왕이 되었단다. 왜 신라에서는 여러 성씨가 번갈아 왕이 되었을까?

신라는 삼국 중에서 가장 발전이 더뎠어. 고구려와 백제가 영토를 넓히고 제도를 착착 만들며 발전을 거듭하고 있는데도 좀처럼 성장하지 못했지.

북쪽으로는 고구려, 서쪽으로는 백제에 가로막혀 다른 나라와 교류가 어렵다 보니 신라는 왕이 다스리는 국가의 모습을 갖추는 것도, 중국으로부터 발전된 문화를 받아들이는 것도 늦을 수밖에 없었어. 그래서 신라는 여러 부족이 연맹을 이룬 연맹 왕국 상태로 오래 머물렀지. 임금을 부르는 호칭도 왕이 아닌 거서간, 차차웅, 이사금, 마립간 등 여러 가지였어. 모두 부족장, 우두머리를 뜻하는 호칭이지. 그만큼 왕권이 약했기 때문에 나라의 중요한 일은 부족장 회의를 거쳐 결정했어. 이런 이유로 왕이 세상을 떠나면 왕의 후손이 아니라 당시 가장 세력이 강한 부족의 대표가 왕위에 올랐어. 대표적인 가문이 박씨, 석씨, 김씨 세 집안이었지.

▲ 경주 계림
경주 김씨의 시조 김알지가 태어난 곳으로, 신라 사람들이 신성하게 여겼던 숲이야. 김알지의 7대손이 바로 신라 최초의 김씨 왕인 미추왕(미추 이사금)이지.

하지만 신라는 조금씩 주변 지역을 점령하며 영토를 넓혔어. 영토를 넓히면서 왕의 힘도 차츰 세졌지. 그리고 4세기 후반, 내물 마립간 때 신라는 낙동강 동쪽 지역 대부분을 장악하게 되었어. 이때부터는 김씨가 다른 부족을 제치고 계속 후손들에게 왕위를 물려주었지. 박씨가 세운 나라를 이제는 김씨가 차지한 셈이야.

한편, 왕이 죽으면 왕의 자식이 뒤이어 왕위에 오르는 부자 상속 원칙도 점차 뿌리를 내렸어. 그렇지만 아직까지 중요한 나랏일은 부족장, 즉 귀족들의 합의를 거쳐 결정했단다.

신라에서는 왕을 여러 이름으로 불렀다고?

신라를 세운 박혁거세는 '거서간'이라 불렸어. 거서간은 '부족의 우두머리'를 일컫는 말이야. 박혁거세의 뒤를 이은 남해왕은 '차차웅'이라 불렸어. 차차웅은 '무당'을 뜻하는 말로, 당시에는 왕이 하늘에 제사를 지내는 제사장의 역할도 하고 있었음을 의미해. 남해 차차웅에 이어 신라의 세 번째 왕이 된 유리는 '이사금'이라 불렸어. 이사금은 '나이가 많은 사람'이라는 뜻이야. 당시 사람들은 이가 더 많은 사람이 나이도 많고 지혜롭다고 생각했지. 그래서 떡을 깨물어 떡에 난 잇자국(잇금)을 세어 이의 개수가 더 많은 사람이 왕위에 올랐다고 해.

그 후에는 '마립간'이라는 호칭을 사용했어. 마립간은 '우두머리 중 으뜸'이란 의미를 갖고 있어.

그리고 503년 지증왕이 호칭을 마립간에서 '왕'으로 바꾸었어. 지증왕 이후 신라는 불교를 받아들이고 나라의 법과 제도를 정비하면서 놀랍게 발전해 나갔어. 왕의 힘도 이전과 비교할 수 없을 정도로 세졌지.

가야가 철의 왕국이라 불린 이유는?

"언제까지 다 만들어야 해요?"
"사흘 안에 완성해야 해!"
뜨거운 열기로 가득한 대장간. 도림이는 다른 나라에 보낼 덩이쇠를 만들기 위해 열심히 망치를 두드리며 구슬땀을 흘렸어.
덩이쇠는 왜 만들었을까? 그리고 어느 나라에 수출했을까?

신라가 조금씩 나라의 모습을 갖춰 갈 즈음, 지금의 낙동강 하류, 변한 지역에서는 '가야'라는 연맹 국가가 세워졌어. 가야는 금관가야를 중심으로 여러 작은 나라가 한데 뭉쳐 발전했지. 금관가야를 세운 사람이 바로 알에서 태어났다는 수로왕이야.

　변한은 예전부터 철이 많이 나기로 유명했지. 금관가야 역시 철의 나라로 주변 지역에 이름을 떨쳤어. 품질이 뛰어난 철이 많이 나는 만큼 철을 다루는 기술도 아주 뛰어났지. 금관가야 사람들은 철로 여러 농기구와 무기를 만들어 사용했어. 금관가야의 철과 철기 제작 기술은 입소문을 타고 여러 나라로 퍼졌지. 삼한과 동예, 낙랑과 왜까지

▲ 초기 가야의 위치와 세력 범위

▲ 덩이쇠
덩이쇠는 뜨거운 불에 녹여 다양한 철기를 만드는 데 쓰였고, 화폐로도 사용됐어.

철을 구하기 위해 가야에 줄을 섰어. 금관가야는 철로 만든 갑옷과 무기, 그리고 철을 길쭉한 모양으로 다듬어 만든 덩이쇠를 한데 묶어 수출했지. 도림이와 여러 대장장이가 땀 흘려 만들던 우수한 철은 이

렇게 여러 지역으로 팔려 나갔던 거야. 금관가야는 철을 수출하며 활발히 교역을 벌였고, 막대한 돈을 벌어들이며 크게 성장했지.

가야는 신라와 백제 사이에 끼어 있다 보니 자주 침략을 받았어. 하지만 오랫동안 꿋꿋하게 나라를 유지해 나갔지. 가야는 철기 문화를 바탕으로 발전했어. 철을 벼려 만든 날카로운 무기를 들고 잘 뚫리지 않는 든든한 철제 갑옷을 입고서 적의 침입을 단단히 막아 냈던 거야.

하지만 가야도 슬슬 내리막을 걸었어. 4세기, 가야는

▲ **가야의 철기**
가야의 철 갑옷과 말머리 가리개, 철제 칼이야.

백제가 신라를 공격할 때 백제의 편에 서서 길을 빌려주었어. 다급해진 신라는 고구려에 급히 도움을 요청했지. 이때 고구려의 왕은 고구려를 강국으로 이끈 광개토 대왕이었어. 광개토 대왕은 군대를 이끌고 백제와 함께 신라를 공격한 왜를 무찔렀어. 왜는 서둘러 가야로 도망쳤지. 광개토 대왕은 가야로 쳐들어가 이들을 끝까지 쫓아 공격했어. 그 결과 가야의 중심지 노릇을 하던 금관가야는 쑥대밭이 되고 말았지. 이후 세력이 약해진 금관가야를 대신해 대가야가 가야를 이끌었어. 대가야는 금관가야 못지 않게 땅이 기름지고 철이 풍부한 곳

▲ 지산동 고분군
경상북도 고령군에 있는 가야 무덤군이야. 고령은 대가야의 중심지로 번영을 누렸어. 이곳에서 가야의 귀중한 유물이 많이 발굴되었지.

이었지. 크게 흔들렸던 가야 연맹은 대가야를 중심으로 다시 한번 뭉칠 수 있었단다. 그리고 나라의 힘을 기르기 위해 많은 노력을 기울였지.

그렇지만 가야는 예전 같은 모습을 되찾지 못했어. 백제와 신라가 서로 덩치를 키우며 가야를 거세게 압박했거든. 가야의 작은 나라들이 신라에 병합된 이후 금관가야가 신라에 무릎을 꿇었어. 이후 가야는 힘을 모으지 못하고 분열되었고, 결국 대가야도 신라의 공격으로 무너지게 되었어.

왜 사국 시대가 아니라 삼국 시대일까?

삼국이 서로 경쟁하며 발전하는 동안 가야 역시 낙동강 서쪽 지역에 존재하고 있었어. 그렇다면 이때를 삼국 시대가 아닌 사국 시대라 부르는 게 맞지 않을까?

가야를 포함한 네 나라가 한반도에 자리 잡았던 기간이 길었던 건 사실이야. 하지만 가야와 고구려, 백제, 신라 사이에는 커다란 차이점이 있어.

고구려, 백제, 신라는 왕을 중심으로 하는 중앙 집권 국가로 발전했어. 하지만 가야는 연맹의 힘을 하나로 모으지 못했지. 그렇기 때문에 왕을 중심으로 힘을 모았던 삼국을 당해 내기 어려웠던 거야. 더군다나 고구려의 공격으로 금관가야가 약화된 이후로는 더욱 힘을 쓰지 못했어.

가야는 여러 작은 나라들이 힘을 합해 만들어져 오랜 기간 존재했지만, 고구려, 백제, 신라처럼 한 명의 왕이 다스리는 왕국으로 변화되지 못했어. 그래서 이 시대를 삼국 시대라고 하는 거지.

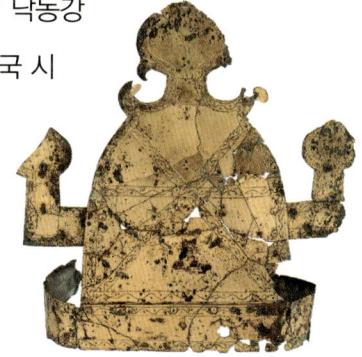
▲ 가야의 금동관

◀ 가야의 수레바퀴 모양 토기

관리들의 옷 색깔을 정한 이유는 무엇일까?

"왜 아버지는 요즘 자주색 관복만 입고 궁에 가시는 거예요?"
"이제부터는 자주색 관복만 입으셔야 한다는구나."
매번 같은 관복을 입고 궁에 가는 아버지를 보며 은동이는 고개를 갸웃거렸어. 이전에는 다른 색의 옷을 입고 가신 적도 많았거든.
은동이 아버지는 왜 자주색 관복만 입는 걸까?

고조선이 멸망한 후 한반도에 세워진 여러 나라 중에서 고구려, 백제, 신라 세 나라가 끝까지 경쟁을 펼치게 되었어. 이 세 나라에는 몇 가지 공통점이 있었지.

먼저 영토를 넓히고 왕권이 강화됐어. 왕의 힘이 세지면서 왕의 자리를 자손에게 대대로 물려줄 수 있게 되었지.

이 과정에서 세 나라의 왕들은 나라의 제도를 정비해 권력을 왕에게 집중시키려 노력했어. 지역의 힘 있는 세력들을 중앙의 귀족으로

만들고 관직을 주어 왕에게 충성하게 했지. 또 지방 행정 구역을 정비하고 강한 군사력을 바탕으로 영토를 계속 확장해 나갔어. 중국과 교류하며 선진 문물을 받아들이는 한편, 불교를 받아들여 백성들의 마음을 하나로 모으려 했단다. 그리고 넓어진 영토와 많아진 백성들을 다스리기 위해 법률을 정해 나라 안 모든 백성이 법을 지키도록 했어.

그 밖에도 나랏일을 할 관리들을 뽑아 백성을 살피는 일을 맡기고

▲ 백제 관등제에 따른 관복 색깔
백제는 관직의 등급을 1품부터 16품까지 나누어 관복의 색을 구분했어.

왕의 명령이 구석구석 잘 전달될 수 있게 했지. 그러기 위해 먼저 관리의 등급인 '관등'을 정했어.

삼국 중에서 가장 먼저 관리들의 체계를 정한 나라는 백제였어. 백제는 3세기 무렵 관등을 정하고 이에 따라 관복의 색깔을 달리하도록 했어. 관리들의 옷 색깔만으로 누가 높고 낮은지를 쉽게 구분할 수 있게 된 것이지. 그래서 은동이네 아버지가 자주색 관복을 입고 궁으로 향했던 거야. 왕의 명령에 따라 모든 관리들이 정해진 색의 옷을 입었다는 것은 그만큼 왕의 힘이 강했다는 의미이기도 해.

신라는 6세기 즈음 법흥왕 때 관리들의 관복 색깔을 정했다는 기록이 있지만, 고구려는 관복에 관한 기록이 따로 없어. 하지만 백제와 신라가 그랬듯이 고구려에서도 관직에 따라 색이 다른 관복을 입었을 거야.

삼국의 왕은 어떤 왕관을 썼을까?

삼국의 왕은 저마다 특색 있는 왕관을 썼어. 가장 익숙하면서도 화려한 왕관은 신라의 금관이야. 특히 금관총과 황남대총에서 나온 금관이 유명하지. 그런데 이런 금관은 평상시에는 사용하지 않았을 수도 있어. 왕이 매일 쓰기에는 너무 컸거든. 그래서 금관은 특별한 행사가 있을 때나 왕이 죽어서 무덤에 묻힐 때 썼을 거라고 추측하고 있어.

백제 왕은 검은색 비단 모자인 오라관에 금 장식으로 꾸민 형태의 왕관을 썼어. 간소하지만 화려함을 함께 느낄 수 있지. 고위 관료들은 오라관에 은으로 만든 장식을 붙였다고 해.

고구려의 왕관도 금관이 아니었어. 흰색 비단으로 만든 백라관이었지. 고구려 고분인 안악3호분의 벽화에서 백라관의 모양을 볼 수 있어. 그 외에도 금동관 유물이 나오긴 했지만 고구려의 왕관이었는지는 확실하지 않아.

삼국 시대의 왕관에 분명하게 정해진 규칙은 없었던 것으로 보여. 다만 왕권이 강화될수록 왕의 복식과 왕관은 더욱 화려하면서도 위엄 있는 모습으로 바뀌었을 것으로 짐작할 수 있지.

▲ 신라의 금관
경주 금관총에서 나온 신라의 금관이야.

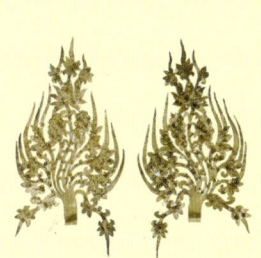

▲ 백제 무령왕 금제 관식
무령왕릉에서 출토된 금으로 만든 왕관 장식이야.

▲ 고구려 고분 속 백라관을 쓴 인물
고구려 고분인 안악3호분에서 백라관의 모습을 볼 수 있어.

삼국 시대의 백성들은 어떤 옷을 입었을까?

 삼국 사람들은 어떤 옷을 입었을까? 이때 사람들은 남녀 구분 없이 기본적으로 저고리와 바지를 걸쳤어. 여성은 이 위에 잔주름을 넣은 치마를 덧입었지. 하지만 신분에 따라 옷감이 달랐어. 왕과 귀족은 주로 고운 비단이나 명주로, 평민은 거친 삼베로 옷을 지어 입었지.

 아예 신분에 따라 입을 수 있는 옷의 색깔에 제한을 두는 경우도 있었어. 백제의 평민은 자주색이나 붉은색 옷을 입을 수 없었어. 이런 색의 옷은 신분이 높은 귀족만 입을 수 있었거든.

 신라는 옷 색깔 뿐만 아니라 집의 크기, 수레 종류, 그릇의 모양과 개수까지 일상의 모든 것이 신분에 따라 달랐단다.

▲ **무용총 무용도**
고구려의 고분인 무용총에 그려진 벽화야. 당시 고구려 사람들이 어떤 옷을 입었는지 그림을 통해 짐작할 수 있어.

삼국에 불교가 널리 퍼졌다고?

"오늘도 탑돌이 하러 절에 가요?"
"그래, 밤늦게 올 테니 따뜻하게 입고 따라나서거라."
어머니께서 탑돌이 하러 절에 가신다는 말에 다실이는 신이 났어. 절에 가면 집에서는 먹기 힘든 맛난 음식을 먹을 수 있었거든. 다실이는 탑돌이 때 어떤 소원을 빌지 행복한 고민에 빠졌지.
사람들은 탑을 돌며 누구에게 소원을 빌었을까?

삼국은 발전을 거듭하며 주변의 작은 나라와 부족들을 정복했어. 점령한 나라들은 문화와 종교가 제각각이었어. 이에 삼국의 왕은 모든 백성의 마음을 하나로 모을 수 있는 수단이 필요했어. 그래서 불교를 받아들이게 된 거야.

삼국 중에서 불교를 먼저 받아들인 나라는 고구려와 백제였어. 고구려는 372년 소수림왕 때 중국 북쪽의 전진이라는 나라를 통해 불교를 받아들였고, 백제는 고구려보다는 조금 늦은 384년 침류왕 때 중국 남쪽의 동진이라는 나라를 통해 불교를 받아들였어.

하지만 신라는 고구려나 백제보다 100년 이상 늦게 불교를 받아들였어. 고구려나 백제와 달리 귀족들

▲ **익산 미륵사지 석탑**
미륵사는 백제 무왕이 세운 절로 당시 백제에서 가장 큰 절이었다고 해. 지금은 석탑 일부와 절터만 남아 있지.

이 불교를 심하게 반대했거든. 신라는 527년 법흥왕 때 불교를 공인했지.

공인하다
국가나 사회단체 등이 공식적으로 인정하는 것을 뜻해.

삼국의 왕은 백제의 성왕이나 신라의 법흥왕처럼 불교식으로 왕의 이름을 짓고, 익산의 미륵사나 경주의 황룡사처럼 커다란 절을 곳곳에 세워 불교를 퍼뜨리려 했어.

특히 신라는 왕실 가문을 불교를 창시한 석가모니 부처의 집안에 견주었어. 그리고는 '왕이 곧 부처'라며 부처님을 모시듯이 왕을 섬기게 했지. 이처럼 삼국은 왕의 권위를 높여 왕권을 강화하기 위해 백성들에게 불교를 퍼뜨렸던 것이란다.

삼국의 대표적인 불교 유물과 유적

▲ **금동 연가 7년명 여래 입상**
손바닥만 한 크기의 고구려 불상이야. 불상 뒷면에 고구려 때 평양에 있던 절에서 만든 불상이라는 글이 쓰여 있어. 우리나라에서 만들어진 연대를 알 수 있는 불상 중 가장 오래된 불상이라고 해.

▲ **금동 미륵보살 반가 사유상**
삼국 시대에 만들어진 금동 불상이야. 한쪽 다리를 구부려 다른 쪽 허벅다리에 올려 놓은 앉은 자세로 생각에 잠긴 미륵보살을 표현했어.

▲ **백제 금동 대향로**
충청남도 부여에서 출토된 백제의 향로야. 연꽃과 신선, 여러 동물과 산 등으로 불교와 도교의 사상을 함께 표현했어.

◀ **서산 용현리 마애 여래 삼존상**
충청남도 서산 가야산에 있는 백제의 마애불이야. 마애불은 자연 암석에 조각한 불상을 말해. 세 부처 모두 너그럽고 인자한 미소를 짓고 있어서 '백제의 미소'라고 불려.

▲ **황룡사 9층 목탑**(국립경주박물관의 모형)
신라 황룡사의 중심에 세워져 있던 황룡사 9층 목탑은 부처의 힘으로 외세의 침략으로부터 나라를 지키겠다는 의미를 담아 세운 탑이야. 탑의 높이는 약 80미터에 이르렀을 것으로 추정돼.

생각 톡톡

불교를 위해 목숨 바친 사람이 있다고?

 법흥왕이 나라를 다스릴 때의 일이야. 법흥왕은 불교를 받아들이고 싶었지만 번번이 귀족들의 반대에 부딪혔지. 법흥왕은 어떻게 하면 귀족들의 반대를 이겨 낼 수 있을지 고민에 빠졌어. 이때 신하 이차돈이 찾아와 말했어.
 "제 목을 베어 왕의 위엄을 보이면 신하들도 더는 반대하지 못할 겁니다."
 이차돈의 간청에 법흥왕은 마지못해 허락했어.
 얼마 뒤, 법흥왕은 왕이 절을 지으려 하는데 이차돈이 일부러 그 명령을 늦추어 전했다는 이유로 이차돈을 처형하기로 했어. 이차돈은 죽기 직전 부처님이 있다면 자신이 처형된 후 반드시 신비로운 일이 일어날 것이라는 말을 남겼지.
 이차돈의 목이 땅에 떨어지자 아주 놀라운 일이 일어났어. 이차돈의 말대로 잘린 목에서 흰 피가 높이 솟구친 거야. 곧 하늘이 어둑어둑해지더니 땅이 크게 울리며 꽃비가 내리기 시작했지. 이차돈이 죽어서 일으킨 기적에 귀족들도 마음을 돌렸어. 법흥왕은 본인이 바랐던 대로 불교를 믿을 수 있게 되었지. 이후 신라는 독실한 불교 국가로 탈바꿈하게 되었단다.

▲ 이차돈 순교비
이차돈의 머리가 땅에 떨어지고 잘린 목에서 피가 솟구치는 장면이 새겨져 있어.

07

삼국은 왜 한강을 차지하려고 싸웠을까?

"이번엔 어디가 이겼다고요?"
"고구려가 이겼단다. 백제의 왕은 목숨을 잃었고 군사들은 다 도망갔어."
아치울은 헷갈리기 시작했어. 얼마 전까지 한강 주변은 백제 땅이었는데 하루아침에 고구려가 점령한 거야.
두 나라는 왜 이곳을 두고 전쟁을 벌였을까?

한반도의 중심에 있는 한강은 예나 지금이나 여러 가지 면에서 중요한 지역이야. 너른 평야와 풍부한 물이 있어 농사가 잘되고, 황해와 통하기 때문에 주변 나라와 교역하기에도 좋았거든. 그래서 한강을 둘러싸고 고구려, 백제, 신라가 치열하게 싸웠던 거야.

맨 처음 한강을 차지했던 나라는 백제였어. 백제는 한강 유역은 물론 한반도 서쪽의 중부와 남부 지역을 모두 차지했어. 하지만 그후

▼ **경기도 김포 평야 전경**
한강 유역은 땅이 기름져 농사가 잘되는 곳이었어. 그래서 아주 오랜 옛날부터 많은 사람이 모여 살았지.

백제는 한강을 고구려에 빼앗기고 말았어. 475년, 고구려의 장수왕이 백제의 수도 한성을 무너뜨리고 한강 유역을 차지했어. 당시 백제를 다스리던 개로왕은 이 싸움에서 목숨을 잃었지.

왕을 잃고 한강 땅을 빼앗긴 백제는 황급히 수도를 웅진(충청남도 공주)으로 옮기고 무너질 뻔한 나라의 불씨를 겨우 되살렸어. 혼자 힘으로 고구려에 맞서기에는 힘이 들었던 백제는 이웃 나라 신라에 사람을 보내 동맹을 맺고 함께 고구려를 막자고 제안했어.

신라도 점점 강력해지는 고구려가 두려웠지. 이렇게 신라와 백제의 '나제 동맹'이 맺어졌어. 두 나라는 둘 중 하나가 공격을 받으면 군사를 보내 도와주기로 했어. 두 나라가 똘똘 뭉쳐 맞서자 고구려도 전처럼 백제와 신라를 압박할 수 없었어. 고구려의 침입을 막아 낸 두 나라는 나라의 제도를 정비하고 백성을 보살피며 힘을 키워 나갔지. 각자 군사력을 길러 영토도 조금씩 넓혔어.

▲ 부여 궁남지

백제 시대에 만들어진 연못이야. 백제 성왕은 538년 수도를 웅진에서 사비(충청남도 부여)로 옮기고 나라를 다시 강하게 만들려 했지.

▲ 신라의 영토 확장

500년대 중반, 고구려가 조금씩 흔들리기 시작했어. 왕위를 둘러싸고 왕실과 귀족이 서로 왕이 되겠다며 편을 나눠 다투었거든. 고구려는 큰 혼란에 빠졌어. 이때 백제와 신라는 고구려를 공격해 한강 하류 땅을 되찾았지.

그후 나제 동맹은 산산조각 났어. 신라 진흥왕이 동맹을 깨고 한강 유역을 독차지한 거야.

백제는 신라의 배신에 크게 화가 났어. 그래서 군대를 이끌고 신라를 공격했지. 하지만 백제 왕

▲ 북한산 신라 진흥왕 순수비
신라 진흥왕이 한강 유역을 점령하고 세운 비석이야. 이 비석을 세워 한강 지역이 신라의 땅임을 확실히 했지.

은 목숨을 잃고 크게 패배했어. 결국, 한강 땅은 신라의 차지가 되었지.

한강을 차지한 신라는 황해 바다를 통해 중국과 직접 교류했고 나라의 힘을 더욱 강하게 키울 수 있었단다.

돌에 새겨진 역사

 고구려, 백제, 신라 모두 역사책을 펴냈다고 해. 하지만 책을 펴냈다는 기록만 남아 있을 뿐 지금까지 전해진 것은 없어. 아마 전쟁으로 불타 없어졌거나 다른 이유로 자취를 감추었을 거야. 그렇지만 역사책 말고도 그 시대가 어땠는지를 상세히 알려 주는 자료가 있어. 바로 비석이야.

 비석 중에서는 오랜 세월 동안 닳아서 그 내용을 알아볼 수 없는 것도 많아. 하지만 지워지지 않은 몇 글자만을 가지고도 과거의 모습을 짐작할 수 있게 해 주지.

 고구려가 세운 광개토 대왕릉비와 충주 고구려비는 광개토 대왕과 장수왕 때 고구려가 어떻게 영토를 넓혔는지 알려 줘. 또 신라의 진흥왕이 세운 여러 개의 순수비 덕분에 신라가 어느 지역까지 영토를 확장했는지를 알 수 있지.

▶ 충주 고구려비

무덤을 통해 사람들의 생활 모습을 짐작할 수 있다고?

"일산을 들고 있는 사람을 너무 크게 그렸네. 다시 그려 보게."
"더 작게 그리라는 말씀이시죠?"
무덤 속 벽화를 그릴 물감 재료를 나르던 바우는 그림을 보고 깜짝 놀랐어. 벽화 속 사람들의 크기가 각각 다르게 그려져 있었거든. 무덤 속에 왜 벽화를 그린 걸까? 왜 사람들의 크기를 다르게 그렸을까?

삼국 시대 사람들은 사람이 죽은 다음에도 이어지는 또 다른 세상이 있다고 믿었어. 그래서 죽은 후의 세상에서 살아가는 데 필요한 물건(껴묻거리)을 가득 채워서 무덤을 만들었어. 또 무덤의 주인이 살아서 했던 일들을 그리거나 무덤을 지켜 줄 사신도(사방을 지켜 주는 신령한 동물들의 그림)를 그려 넣어 무덤을 화려하게 꾸몄지.

▲ **수산리 고분 벽화**
신분이 높은 주인은 크게, 일산을 받쳐 주는 하인은 아주 작게 그려져 있어.

물론 이런 화려하고 큰 무덤의 주인은 아무나 될 수 없었어. 힘이 센 왕이나 귀족들만이 이런 무덤에 묻힐 수 있었지. 또한 귀족들은 무덤 벽화에 무덤의 주인인 자신들을 크게 그려 하인들과 구별하려 했단다. 이런 생각 때문에 신분에 따라 귀족들은 크게, 하인들은 작게 그려 넣었던 것이지.

삼국 중에서 무덤 벽화로 가장 유명한 나라는 고구려야. 말을 타고 달리며 몸을 뒤로 돌려 활을 쏘는 힘찬 용사라든지 점박이 무늬 옷을 차려입고 춤을 추는 무용수들의 모습을 어디선가 한 번쯤은 보았을 거야. 이는 모두 고구려 무덤 벽화란다.

▲ 무용총 수렵도

사냥꾼이 말을 타고 활을 쏘면서 동물을 쫓는 모습을 그렸어.

신라 무덤에서도 그림이 발견되었어. 신비한 동물이 당장이라도 하늘로 날아오를 것 같은 인상적인 그림이지. 이 그림은 '천마도'라고 불리게 되었어. 또 천마도가 발견된 무덤은 천마총

▲ 천마도

천마총에서 발굴된 그림이야. 금방이라도 날아오를 듯한 동물의 형상이 인상적이지.

이라는 이름을 갖게 되었지. 그런데 이 그림은 벽화가 아니야. 말의 배 양쪽에 늘어뜨린 말다래* 위에 그려진 그림이지.

고구려와 백제의 무덤과 달리 신라의 무덤에서는 벽화가 발견되는 일이 드물어. 왜 신라인들은

말다래
말을 탄 사람의 옷에 흙이 튀지 않도록 가죽 같은 것을 안장 양쪽에 매달아 놓은 기구야.

55

무덤 속에 그림을 그리지 않았을까?

신라인들이 무덤에 벽화를 남기지 않은 이유는 간단해. 신라의 무덤 모양이 고구려나 백제와 달랐기 때문이야. 고구려와 백제의 무덤은 주로 돌로 사각형 방을 만들고 그 가운데 관을 두었어. 사각형 방의 각 벽에다가는 그림을 그렸지. 이와 달리 신라에서는 나무로 큰 방을 만들고 그 안에 관을 두었어. 그 위에 돌을 쌓고 커다란 언덕 모양으로 흙을 덮었지. 오랜 세월이 흐르면 흙 속의 나무는 썩어 없어지고 말아. 그러니 그 나무에 그림이 있었는지 알 수 없어. 혹시 있었다 하더라도 오늘날까지 남아 있기 어렵겠지?

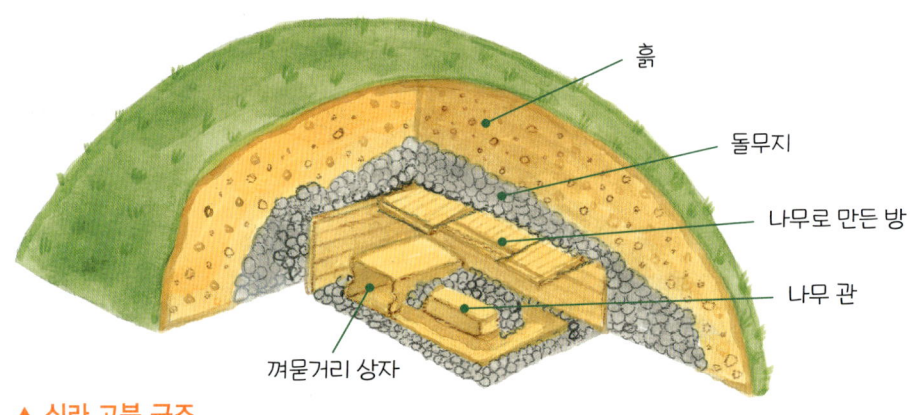

▲ 신라 고분 구조

피라미드와 장군총

▲ 이집트의 피라미드

피라미드는 옛날 이집트 왕들의 무덤이야. 이집트 사람들은 죽은 후 부활하려면 꼭 몸이 필요하다고 여겼어. 그래서 시신을 썩지 않게 보관하기 위해 미라를 만들었고, 미라를 잘 보존하기 위해 피라미드와 같은 거대한 무덤을 만들었단다.

장군총은 중국 지린성 지안에 있는 고구려 고분이야. 광개토 대왕 혹은 그의 아들인 장수왕의 무덤으로 추측되지. 계단식으로 돌을 쌓아 만든 모양이 피라미드와 닮았어. 그래서 장군총을 '동양의 피라미드'라고 부르기도 해.

▼ 고구려 장군총

고구려가 수나라 백만 대군을 막아 냈다고?

"며칠 전 우리 고구려군을 쫓던 수나라 병사들이 보여요!"
"그렇네. 그런데 수도 많이 줄고 몹시 지친 것처럼 보이는구나!"
수나라 병사들이 서둘러 도망가는 모습을 보며 우태는 무슨 일이 일어난 건지 궁금해졌어. 고구려와 수나라 전쟁은 어떻게 되고 있는 걸까?

고구려, 백제, 신라 세 나라가 한반도에서 치열한 경쟁을 벌이는 동안 중국 역시 400년 가까이 작은 나라들로 나뉘어 있었어. 수십 개의 나라가 건국과 멸망을 반복했지. 그러다 500년대 말, 오랫동안 분열되었던 중국을 통일한 나라가 나타났어. 바로 수나라야.

수나라는 여러 차례 대군을 동원해 고구려를 공격했어. 하지만 고구려의 필사적인 저항에 번번이 실패했지. 수나라에 맞서 고구려 군대를 이끈 장수는 을지문덕이었어. 을지문덕은 살수(청천강)에서 수나라 대군을 크게 무찔렀지. 이 전쟁이 바로 살수 대첩이야. 우태는 살수 대첩에서 겨우 목숨을 건진 채 도망치는 수나라 병사들을 본 거였어.

왜 수나라는 고구려에 쳐들어왔을까? 수나라는 이웃 나라 고구려를 줄곧 눈엣가시로 여겼어. 스스로 신하가 되겠다며 고개를 숙인 다른 나라들과 달리 고구려만은 고분고분하게 굴지 않았거든. 오히려 고구려는 병사를 모으고 무기를 만들어 전쟁 준비를 하는가 하면, 돌궐*과 힘을 합쳐 수나라의 위협에 대비했어.

598년, 수나라 황제인 문제는 30만 병사를 동원해 고구려를 공격했어. 하지만 도중에 만난 홍수와 전염병으로 고구려와 제대로 된 싸움 한번 못해 보고 돌아가야만 했어.

몇 년 뒤, 수나라에서는 문제를 몰아내고 양제가 즉위했어. 양제는 병사를 모으며 호시탐탐 고구려를 칠 기회만 노렸어. 612년, 수 양제는 마침내 113만 명이 넘는 대군을 이끌고 고구려 공격에 나섰어. 군대가 출발하는 데만 무려 40일 넘게 걸렸다고 해. 정말 어마어마하지?

돌궐
6~8세기, 오늘날 유라시아 초원에서 활약한 튀르크계 민족과 이들이 세운 유목 국가를 가리켜.

하지만 고구려 원정은 쉽지 않았어. 수나라가 대군을 이끌고 오자 고구려는 맞서 싸우는 대신 요동성 성문을 굳게 걸어 잠갔지. 수나라 군사들은 갖은 방법으로 성을 공격했지만 고구려군은 꿈쩍도 하지 않았어. 수나라 대군은 요동성에서 몇 달 동안이나 발이 꽁꽁 묶이고 말았단다.

수 양제는 화가 머리끝까지 났어. 수 양제는 30만 명의 군사를 따로 편성해서 바로 평양성을 공격했어. 하지만 평양성으로 향한 수나라 군사들이 압록강에 이르자 가지고 온 식량이 바닥나 버렸지. 수나라 병사들은 고된 행군과 굶주림에 하나둘 지쳐 가기 시작했어.

고구려군을 이끌던 을지문덕은 수나라 군사들이 지쳐 있다는 걸 눈

치챘어. 그래서 수나라 군사와 싸울 때마다 일부러 져 주며 고구려 영토 깊숙이 끌어들였지. 수나라군은 자기들이 속아넘어가는 줄도 모른 채 평양성 근처까지 고구려군을 쫓아왔어. 그렇지만 이미 기진맥진한 지 오래였지.

을지문덕은 사신을 보내 거짓으로 항복을 청했어. 그러고는 수나라가 군대를 무르면 고구려 왕을 모시고 직접 황제를 찾아뵙겠다고 했지. 수나라군은 옳다구나 하고 후퇴하기 시작했어. 그때 고구려군이 사방에서 공격을 퍼부었지. 갑작스러운 공격에 수나라 군사들은 뿔뿔이 흩어져 도망치기 바빴어.

쫓기던 수나라군은 허겁지겁 살수를 건너기 시작했어. 강을 반쯤 건넜을 무렵, 고구려군이 또다시 공격을 시작했지. 수나라군은 엄청난 희생자를 내며 무너졌어. 살수를 건너 돌아간 수나라 병사는 불과 2,700명 남짓이었다고 해. 고구려가 수나라의 대군을 물리치고 큰 승리를 거둔 거야.

수 양제는 그 후로도 두 차례나 고구려를 공

▲ 살수 대첩 장면을 그린 민족 기록화

격했지만 모두 실패했어. 그리고 4년 뒤 수나라는 멸망하고 말았지. 수 양제가 나라를 제대로 다스리기는커녕 사치를 일삼고 전쟁을 준비한다며 백성들에게 세금을 가혹하게 거뒀거든.

결국 분노한 백성들은 곳곳에서 반란을 일으켰고, 수 양제는 부하에게 목숨을 잃었지. 고구려와의 전쟁이 거대한 제국이었던 수나라가 무너지는 여러 원인 중 하나가 되었던 거야.

무너지지 않는 고구려의 성

수나라가 멸망한 이후 중국을 다시 통일한 당나라도 고구려를 침략했어. 하지만 당나라 역시 고구려와의 전쟁에서 패하고 후퇴했지.

고구려가 두 나라를 물리칠 수 있었던 데는 여러 비법이 있었어. 그중에 한 가지가 바로 고구려 성이야. 고구려 성은 거센 공격에도 끄떡없이 버틸 수 있을 만큼 튼튼했거든.

고구려 사람들은 성을 쌓을 터를 튼튼하게 다지고 커다란 돌을 그 위에 쌓았어. 그리고 층을 높일 때마다 단을 조금씩 줄여 계단 모양으로 만들었지. 이러면 성벽을 튼튼하게 쌓을 수 있거든. 하지만 계단 모양의 성벽은 적이 기어오르기 쉽기 때문에 일정 높이부터는 벽을 수직으로 높이 쌓았어. 또 방어를 단단히 하기 위해 성에 치성과 옹성을 두었어.

치성은 성벽 바깥으로 튀어나온 부분을 가리켜. 성벽과 성문에 접근하는 적을 옆에서도 공격하기 위해 세웠지.

옹성은 성문 근처 성벽을 둥글게 오므라든 반원 모양으로 쌓은 거야. 옹성은 성문 앞에 모여든 적을 일시적으로 가둬 놓아 성벽 위에서 적을 공격하기 쉽게 만드는 역할을 했어.

이런 이유로 고구려는 적은 인원으로도 성 밖의 공격을 든든히 막아 낼 수 있었던 것이지.

▲ 치성(위)과 옹성(아래)

신라는 어떻게 삼국을 통일했을까?

"아, 또 전쟁이군."
백제를 무너뜨리고는 이어서 평양성으로 향한다는 말에 여기저기서 한숨 소리가 들렸어.
"자, 이제 거의 끝까지 왔어. 조금만 더 힘을 내자고!"
계속되는 전쟁에 지친 병사들 앞에 선 장군이 소리쳤어. 이들은 왜 평양성을 공격하려는 것일까?

500년대 중반, 한반도 남쪽에서 큰 변화가 일어났어. 동맹을 맺을 정도로 가까웠던 백제와 신라의 관계가 단단히 틀어진 거야. 신라가 동맹을 깨고 한강 유역을 빼앗은 게 결정적인 계기였지.

한강 유역을 차지한 신라는 기름진 땅은 물론, 중국과 교류할 수 있는 길을 확보했어. 이에 위기를 느낀 백제는 군사를 일으켜 신라를 공격했지. 두 나라의 다툼은 치열했어. 백제 왕이 전쟁터에서 목숨을 잃을 정도였지.

의자왕 때 예상보다 훨씬 강한 백제의 공격 때문에 신라는 고구려에 도움을 요청했어. 하지만 고구려는 신라의 요청을 거절했어. 결국 신라는 바다 건너 당나라와 동맹을 맺기로 했지. 이미 고구려 침략에 실패했던 당나라도 고구려를 누르기 위해 신라와 동맹이 필요했거든. 두 나라는 힘을 합해 백제와 고구려에 맞서기로 했단다. 이를 '나당 연합'이라고 해.

두 나라는 먼저 백제를 무너뜨린 후 고구려를 공격하기로 약속했지. 고구려를 멸망시킨 뒤 대동강 북쪽은 당나라가, 남쪽은 신라가

갖기로 했어.

당나라군은 바다를 건너 백제 땅에 상륙했어. 양쪽에서 동시에 공격을 받은 백제의 수도 사비성은 얼마 버티지 못하고 곧 무너져 버렸지. 하지만 그 후 백제를 다시 일으키자는 백제 부흥 운동이 일어났어. 백제 부흥군은 나당 연합군에 맞서서 몇 년 동안 전투를 벌였단다.

백제를 멸망시킨 두 나라는 고구려로 향했어. 이때 고구려는 내부에 큰 분열이 일어났어. 고구려를 이끌던 연개소문이 세상을 떠나자 연개소문의 아들들이 후계자 자리를 놓고 다툰 거야. 형제 사이의 다툼 끝에 연개소문의 맏아들은 당나라에 항복하고 당나라의 앞잡이 노

릇을 했지. 그러자 연개소문의 동생은 신라에 항복하며 자신이 다스리던 국경 지역의 넓은 땅을 신라에 바쳤어. 결국 668년, 고구려는 나당 연합군의 침략에 수도 평양성이 함락되며 멸망했지.

하지만 이것이 끝이 아니었어. 고구려와 백제가 무너지자 당나라가 태도를 바꾸어 신라마저 차지하려 했거든. 이에 신라는 당나라의 침입에 맞서 새로운 전쟁에 나섰어. 어제의 동지가 오늘의 적이 된 거야.

신라는 고구려 유민들이 일으킨 고구려 부흥 운동을 지원하며 당나

▲ 신라와 당나라의 매소성 전투 장면을 그린 민족 기록화

라군을 몰아내기 위해 함께 싸우기도 했어.

　몇 년 동안 치열하게 싸운 끝에 신라는 매소성과 기벌포에서 당나라 군대를 크게 물리치고 승리를 거두었어. 그렇게 신라는 676년, 마침내 삼국 통일을 완성할 수 있었단다.

생각 톡톡

신라가 완전히 삼국을 통일한 것이 맞을까?

 삼국 통일 전에 고구려, 백제 및 신라가 차지했던 영토와 삼국 통일 후 신라가 가진 영토를 보면 삼국 통일 후의 영토가 작아진 걸 알 수 있어. 신라는 백제와 고구려를 공격할 때 당나라의 도움을 받기 위해 삼국을 통일하면 대동강 북쪽 땅을 당나라에 주기로 약속했지. 그래서 신라의 삼국 통일을 완전한 삼국 통일이라 생각하지 않는 사람들도 있단다.

 하지만 신라의 삼국 통일을 통해 고구려, 백제, 신라의 문화가 융합되면서 새로운 민족 문화가 발전할 수 있는 기반이 마련되었어.

 당나라가 차지했던 옛 고구려 땅에는 698년 고구려를 계승한 발해가 세워졌어. 한반도 남쪽에는 통일 신라, 북쪽에는 발해가 각각 존재한 시기를 남북국 시대라고 해.

▲ 남북국 시대

신라 사람들이 부처의 나라를 꿈꾸며 만든 것은?

"날이 점점 어두워지고 있네. 좀 더 힘을 내 보세."
"이틀 뒤면 기와를 올릴 수 있겠군."
공사장에서 일꾼들을 도와 허드렛일을 하는 마동이는 곧 절이 완성될 거란 말에 흐뭇했어. 절이 완성되면 신라에 있는 그 어떤 절보다 특별할 것 같았거든. 이 절은 어떤 절이었을까?

신라에서 불교는 통일 이후 더욱 널리 퍼져 나갔어. 신라 사람들은 절과 탑을 세우고 불상을 만들며 부처의 나라를 꿈꾸었지. 이런 신라 사람들의 생각이 잘 드러난 국가유산이 불국사와 석굴암이야. 불국사의 '불국'이 바로 '부처님 나라'를 뜻하지. 마동이가 허드렛일을 하던 공사장은 불국사 건설 현장이었던 거야.

《삼국유사》에는 불국사에 대한 재미있는 이야기가 실려 있어. 이야

▼ 경주 불국사의 청운교와 백운교

기에 따르면 불국사를 만든 김대성이라는 사람이 석굴암을 함께 지었다고 해. 가난한 집안에 태어난 김대성은 없는 형편이지만 깊은 신앙심으로 절에 재물을 바치고는 얼마 후 세상을 떠났어. 같은 날 신라 어느 재상의 집에서 아기가 태어났는데, 두 주먹을 꼭 쥐고 있었대. 그런데 7일 만에 주먹을 펴 보니 '대성'이라는 이름이 적힌 금 조각이 있었던 거야. 김대성이 다시 태어났던 것이지. 김대성은 전생의 어머니와 지금의 어머니를 모두 모시고 살면서 현생의 부모님을 위해서 불국사를 짓고, 전생의 부모님을 위해서 석굴암을 지었다고 해. 믿기

▲ 경주 불국사 3층 석탑(석가탑)(왼쪽)과 다보탑(오른쪽)

어려운 이야기지만 김대성이라는 사람이 불국사, 석굴암과 관련이 있다는 것을 이야기해 주는 것이 아닐까?

불국사와 석굴암은 통일 신라의 불교 예술을 잘 보여 주는 대표적인 유적이야. 단단한 돌을 마치 진흙 다듬듯 정교하게 깎아서 균형을 잘 갖춘 불국사 3층 석탑(석가탑)과 다보탑은 물론이고, 자연 그대로의 모양을 살려 돌을 다듬고 틈새를 메워 튼튼하게 완성한 불국사 축대도 불국사의 독특한 볼거리야.

◀ **경주 석굴암 본존 불상**

경주 석굴암은 자연석을 다듬어 만든 인공 석굴 사찰이야. 석굴 한가운데 본존 불상을 두고 주변에 부처의 제자들의 모습을 담은 조각상들을 배치했어.

석굴암은 인공 석굴 사원으로 차가운 물을 굴 아래쪽으로 흐르게 해 자연스럽게 공기가 통할 수 있도록 만들었어. 또 그 안에 모셔진 석굴암 본존 불상의 인자한 듯하면서도 근엄한 얼굴은 통일 신라 사람들이 마음속으로 그리던 가장 완벽한 부처의 모습을 잘 보여 주고 있지. 경주 불국사와 석굴암은 1995년 유네스코* 세계 유산으로 등재되었어.

유네스코
국제 연합(UN)의 전문 기관 중 하나로 교육, 과학, 문화의 보급 및 교류를 통해 나라들 사이의 협력을 키워 나갈 목적으로 설립되었어. 인류가 보존·보호해야 할 문화, 자연 유산을 세계 유산으로 지정하여 보호하는 일을 해.

원래 모습에 가까워졌을까?

　360여 개의 돌을 짜맞춰 둥근 모양으로 만든 석굴암의 천장은 매우 정교하기로 유명해. 그러니까 석굴암은 본존불의 예술적인 아름다움뿐 아니라 과학적인 면도 무척 뛰어난 국가유산인 셈이지.

　그런데 석굴암 바깥쪽 숲길에 한눈에도 오래되어 보이는 돌들이 모여 있어. 살펴보면 이 돌들이 그냥 산에 굴러다니는 돌이 아니라 아주 잘 다듬어진 돌이라는 걸 알 수 있지. 이 돌들은 바로 석굴암에서 끄집어낸 것들이야.

　일제 강점기, 일본은 석굴암을 최첨단 방법으로 보수한답시고 모조리 뜯어냈어. 석굴암 밑으로 흐르는 물길을 막고, 시멘트를 발라 석굴암을 몽땅 감싸 버렸지. 그런데 그때부터 석굴암에 문제가 생겼어. 안에 습기가 차면서 그전에는 없었던 이끼가 끼기 시작한 거야.

　문제는 그뿐만이 아니었어. 보수 공사를 끝냈는데 석굴암에서 꺼낸 돌들이 남아 있었거든. 안에서 끄집어냈던 돌이 남아 있으니 당연히 제대로 보수가 되었을 리가 없겠지?

▲ 석굴암 보수 과정에서 끄집어낸 돌들

　이후 우리나라 정부는 여러 차례 복원 공사를 했어. 하지만 여전히 이슬이 맺히고 이끼가 끼었지. 결국 불상 앞을 유리로 완전히 막고 안에 에어컨을 트는 방법으로 겨우 습도를 조절하게 되었어. 소중한 국가유산을 잘못 보수하는 바람에 오히려 원래 모습을 잃어버리고 만 거야.

신라 무덤에서 유리그릇이 발견됐다고?

"우아, 저 그릇은 안에 무엇이 들어 있는지 다 보여요!"
"그래. 아주 먼 곳에서 온 귀한 거야. 유리로 만들었지!"
지은이는 유리그릇이 신기했어. 저렇게 안이 들여다보이는 그릇은 처음 보았거든. 이 유리그릇은 어디에서 왔을까?

아시아와 유럽의 사람들은 아주 오래전부터 서로 필요한 물건을 사고팔았어. 중국의 비단과 같은 고급 옷감은 특히 인기가 많았지. 중국의 비단을 유럽에 가져가 비싸게 판 상인들은 그 돈으로 다른 물건을 사와 중국 사람들에게 팔았단다.

이렇게 아시아에서부터 유럽까지 상인들이 물건을 팔기 위해 오고 가던 길을 '비단길'이라 불렀어. 이 길을 통해 팔린 가장 대표적인 것이 비단이었기 때문이야. 지금의 이란 땅에 있었던 페르시아의 여러

▲ 황남대총에서 발견된 유리병과 유리잔

▲ 천마총에서 나온 유리잔

진귀한 물건들도 비단길을 통해 중국에 전해졌어.

그중 대표적인 것이 유리야. 지은이가 보면서 신기해했던 유리그릇은 페르시아에서 만든 물건인데 비단길을 통해 중국과 신라로 전해진 거야.

당시에는 중국의 서쪽에 있는 나라들을 통틀어 '서역'이라고 불렀어. 그래서 유리그릇처럼 서역에서 온 물건들을 '서역 물건'이라고 하고 그곳의 사람들을 '서역인'이라고 불렀지.

경주에는 신라 원성왕의 무덤이 있어. 그 무덤에는 왕을 지키는 군인 석상이 있는데, 이 군인 석상은 머리에 서역인들이 쓰던 터번을 두르고 있어. 우뚝하고 큰 코에 부리부리한 눈, 턱을 뒤덮은 곱슬곱슬한 수염까지 서역인의 특징을 뚜렷하게 보여 주고 있지.

▲ 경주 원성왕릉 석인상

▲ 각저총 씨름도

　사실 서역인들을 묘사한 그림은 고구려 무덤 벽화에서도 발견돼. 씨름을 하고 있는 사람의 얼굴을 자세히 보면 큰 눈에 우뚝한 코 같은 서역인의 특징이 나타나지. 이로 미뤄 보아 이미 삼국 시대부터 서역과 교류했다고 볼 수 있겠지?

신라 승려가 서역을 여행했다고?

 신라의 승려 혜초는 인도 지역 일대의 5개 나라들을 여행하고 돌아와 책을 썼어. 바로 《왕오천축국전》이야. '왕'은 '갔다'는 뜻이고 '오천축국'은 당시 5개의 나라로 이루어진 인도 지역 일대를 가리키지.

 당시 신라의 승려들은 불교를 공부하기 위해 당나라로 유학을 갔어. 혜초도 당나라에서 불교를 공부하다가 스승의 권유로 석가모니의 발자취를 찾아 인도로 떠났지. 혜초는 약 4년 동안 인도와 주변 나라들을 여행하면서 여러 나라들의 불교 풍습뿐만 아니라 다른 종교와 문화 등을 기록했어. 이게 《왕오천축국전》이야. 《왕오천축국전》은 그 시기의 인도와 중앙아시아에 대해 다루고 있는 매우 드문 기록이라 사료로써 가치가 높지.

 《왕오천축국전》은 1908년 프랑스의 탐험가 펠리오에 의해 중국 간쑤성에 있는 둔황 석굴에서 발견되었어. 현재는 프랑스 국립 도서관에 소장되어 있지.

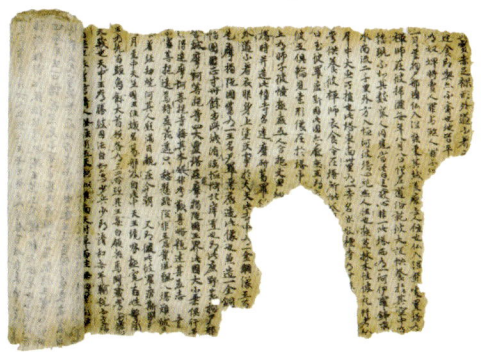

▲ 《왕오천축국전》(복제 유물)

▲ 둔황 석굴
혜초가 쓴 《왕오천축국전》이 발견된 곳이야.

발해를 왜 해동성국이라 불렀을까?

"적이 언제 쳐들어올지 모르니 서둘러 완성합시다!"
"이제는 당나라도 함부로 공격하지 못할 거야!"
고구려 유민 나루는 어른들이 나누는 이야기를 들으며 든든했어. 하루 종일 성을 쌓는 일이 힘들었지만 새 나라를 세우는 일에 함께할 수 있어서 기뻤어. 나루가 성을 쌓고 있는 이곳은 어디일까?

고구려가 멸망한 뒤, 당나라는 고구려 유민들을 강제로 이주시켰어. 혹시나 고구려 사람들이 똘똘 뭉쳐 다시 당나라에 맞설까 봐 걱정이 되었거든. 이들 유민 중에 훗날 발해를 세운 대조영이 있었지. 대조영은 고구려 유민들의 지도자였어.

당나라는 고구려 유민들을 아주 가혹하게 대했어. 온갖 구실로 세금을 쥐어짜며 못살게 굴었지. 고구려 유민들이 끌려온 곳에는 거란과 말갈 부족도 모여 살고 있었어. 이들도 고구려 유민들처럼 당나라에 실컷 부림을 당했지. 결국 참다못한 거란족이 반란을 일으켰어. 당나라 조정은 부랴부랴 군대를 보내 반란을 진압하려 했지.

대조영은 당나라가 거란족의 반란을 진압하는 틈을 타 고구려 유민과 말갈족을 이끌고 랴오허강을 건너 동쪽으로 이동했어. 하지만 곧 당나라의 끈질긴 추격이 시작됐지. 우여곡절 끝에 대조영은 천문령이라는 험준한 고갯길에 다다랐어. 그리고 이곳에서 당나라에 승리를 거두며 추격에서 벗어나게 되었지.

698년, 대조영은 동모산*에 다다라 '진국'이라는

동모산
중국 지린성 둔화시에 있는 곳이야.

새 나라를 세웠어. 이 나라가 바로 훗날 '해동성국'으로 이름을 날리게 된 발해야.

고구려 유민이었던 나루가 쌓던 성은 바로 대조영이 처음 터를 잡은 동모산 부근의 성이었어.

나라를 세운 대조영은 고구려의 후예로서 선조들의 옛 땅을 되찾겠다고 선언했어. 이 소식에 뿔뿔이 흩어져 살던 고구려 유민들이 하나 둘 발해로 모여들기 시작했지.

대조영은 차근차근 세력을 넓혀 나가며 주변 나라와 적극적인 외교에 나섰어. 중국으로 영토를 확장하던 돌궐과 손을 잡았고, 처음에는 관계가 나빴

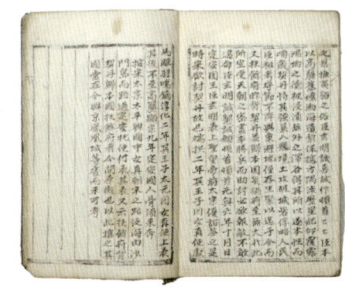
▲ 유득공의 《발해고》
조선 후기 학자 유득공이 발해의 역사와 문화에 대한 내용을 쓴 책이야.

지만 서서히 신라와도 교류했어. 발해가 주변 국가와 가까이 지내며 성장하자 당나라도 더는 발해를 무시할 수 없었어. 그래서 사신을 보내 발해 건국을 공식적으로 인정했지.

이후 발해는 발전을 거듭했어. 발해의 두 번째 왕인 무왕은 정복 활동에 힘써 고구려 옛 땅의 많은 부분을 되찾았지. 나아가 당나라의 영토였던 산둥반도를 공격해 승리를 거두기도 했어.

뒤이어 문왕은 아버지 무왕이 만든 나라의 기틀을 다지는 데 힘썼어. 먼저 줄곧

▲ 정효 공주 묘 벽화
발해의 제3대 왕 문왕의 딸이었던 정효 공주의 무덤이야. 무덤 벽에 그려진 벽화를 통해 발해 사람들이 어떤 모습을 하고 있었는지 알 수 있지.

으르렁대던 당나라와 화해하며 다시 외교 관계를 맺었지. 문왕은 당나라로부터 앞선 문물을 많이 받아들였어. 유학과 불교뿐 아니라 나라를 다스리는 데 필요한 제도도 함께 들여왔어. 또한 주변의 신라, 거란, 일본에도 사신을 보내며 활발히 교역했어.

▲ 발해의 최대 영역

문왕이 세상을 떠난 뒤 발해는 잠시 혼란에 빠졌어. 하지만 열 번째 왕 선왕이 나라를 잘 다스리며 전성기를 맞이하게 되었지. 선왕은 정복 전쟁을 벌여 영토를 넓혔어. 이때 발해 영토가 통일 신라보다 세 배 이상 넓었다니 얼마나 넓은 땅을 다스렸는지 짐작이 가지?

선왕은 나라를 잘 다스리기 위해 수도에서 멀리 떨어진 곳까지 관리를 보냈어. 백성들이 불편한 점은 없는지, 반란 같은 움직임은 없는지

살피기 위해서였지. 그뿐만 아니라 학문을 발전시키기 위해 당나라로부터 많은 책을 들여오고, 당나라로 유학생을 많이 보냈지. 이들 중에는 과거에 합격해 이름을 날린 사람도 많았다고 해.

발해가 이렇게 나날이 발전하자 당나라는 발해를 '바다 동쪽의 번성한 나라'라는 뜻의 '해동성국'이라 부르며 추켜세웠지. 선왕 이후에도 발해는 발해만의 독자적인 문화를 발전시키며 번영을 누렸어.

발해의 문화에 영향을 준 것은?

발해가 고구려의 문화를 이어받았다는 것을 보여 주는 것 중에 하나가 바로 상경성 터의 온돌 유적이야. 방바닥을 따뜻하게 덥혀 주는 온돌은 우리 민족의 난방 문화인데, 발해의 유적지에서 바로 그 온돌의 흔적이 발견됐어. 뿐만 아니라 여기서 발견된 발해의 기와와 고구려의 기와 역시 매우 닮았지.

▲ 발해의 건물터
발해의 옛 땅에서 고구려의 것과 비슷한 온돌 유적이 발견되었어. 발해가 고구려 문화를 계승했음을 뜻하지.

발해의 유적에서는 이처럼 고구려의 흔적을 찾을 수도 있지만 돌방으로 만들어진 무덤 위에 세운 벽돌탑처럼 고구려의 것에 당의 문화를 조화시켜 완성한 발해만의 독특한 문화도 볼 수 있어.

◀ 고구려 기와(왼쪽)와 발해 기와(오른쪽)

생각 톡톡

최치원은 왜 어린 나이에 유학을 떠났을까?

'반드시 합격하거라. 10년 안에 과거에 합격하지 못하면 내 아들이 아니다!'
소년은 뱃머리에서 아버지의 말을 떠올리며 애써 가족들에 대한 그리움을 억눌렀어. 그리고 무슨 일이 있더라도 꼭 과거에 합격하겠다고 다짐했지. 이 소년은 누구일까? 왜 이렇게 어린 나이에 유학길에 오른 걸까?

신라의 골품제라고 들어 봤니? 신라에 있었던 아주 엄격한 신분 제도란다. 가장 높은 왕족 신분인 성골과 진골, 그 아래에 6두품, 5두품, 4두품 등으로 나누어졌어. 골품에 따라 올라갈 수 있는 관직이 정해져 있었지. 그래서 6두품들은 아무리 능력이 있어도 높은 관직에는

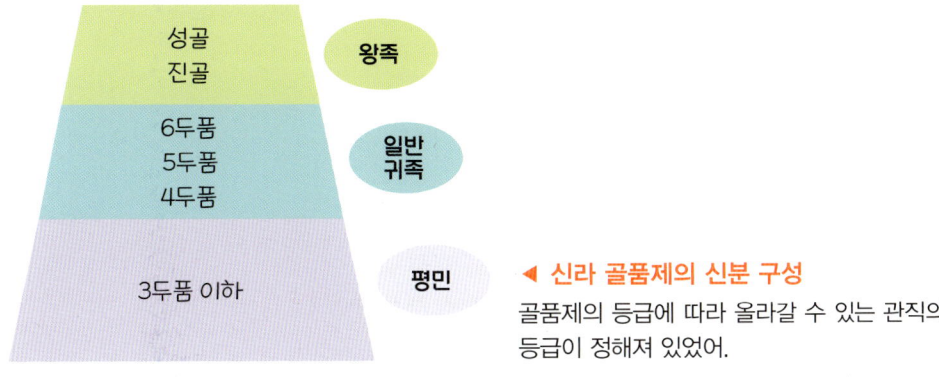

◀ 신라 골품제의 신분 구성
골품제의 등급에 따라 올라갈 수 있는 관직의 등급이 정해져 있었어.

오를 수 없었어. 이런 사실을 잘 알고 있던 최치원의 아버지는 아들을 12살에 당나라로 보낸 거야.

최치원은 당나라로 간 지 6년 만에 과거 시험에 합격했어. 아버지와의 약속을 4년이나 앞당긴 셈이지. 그 후에 당나라에서 관리로 생활을 시작했어. 그런데 최치원이 관리가 되었을 때 당나라는 몹시 혼란스러웠어. '황소의 난'이라고 부르는 전국적인 농민 반란이 일어나면서 나라가 발칵 뒤집어졌지. 조정은 황소가 반란을 포기하도록 하려고 전국에 글을 써서 붙였어. 이를 〈토황소 격문〉이라고 해. 이 글을 바로 최치원이 썼지. 신라 사람인 최치원

▲ 최치원의 초상화

이 당나라의 반란을 잠재우기 위한 글을 썼다니, 최치원의 글솜씨가 얼마나 뛰어났는지 알 수 있겠지?

몇 년 뒤, 최치원은 신라에서 자신의 뜻을 펼쳐 보고자 신라로 돌아왔어. 최치원은 개혁안을 올리면서 신라를 변화시키려고 노력했지. 하지만 진골 귀족들은 최치원의 이야기를 귀담아 듣지 않았어. 신라는 여전히 골품제로 꽉 막혀 있었어. 크게 좌절한 최치원은 벼슬에서 물러나 전국을 돌아다니며 여러 글을 남겼단다.

우리가 최고! 신라와 발해의 힘겨루기

 신라와 발해 두 나라 사이에는 항상 서로를 견제하는 마음이 있었나 봐. 그것을 잘 보여 주는 사건이 바로 빈공과 1등을 둘러싼 두 나라의 치열한 경쟁이야.

 빈공과는 당나라가 자기 나라에 들어온 외국인들을 대상으로 치렀던 시험이야. 최치원도 빈공과에 합격하고 당나라의 관직에 오를 수 있었단다. 그런데 872년 빈공과에서 발해 사람이 1등을 하면서 신경전이 시작되었지. 신라 사람들은 이것을 치욕으로 여겼어. 두 나라 사이의 경쟁 때문이었을까? 발해와 신라는 그 이후에도 수많은 합격생을 배출했다고 해.

장보고가
바다의 수호자가 되었다고?

"값을 지불할 테니 아이들을 풀어 주시오!"
어린 나이에 중국으로 건너가 당나라 군인이 된 궁복은 노비로 팔려 온 신라 꼬마를 보며 자신의 어린 시절을 떠올렸어. 그리고 곧 신라로 돌아가야겠다고 마음먹었지. 당나라에서 어렵게 성공한 궁복은 왜 다시 신라로 돌아가려고 한 걸까?

신라는 삼국을 통일하고 약 100년간 큰 전쟁 없이 평화로웠어. 국력뿐만 아니라 예술과 문화도 활짝 꽃을 피웠지. 하지만 9세기쯤 진골 귀족들 사이에서 권력 다툼이 일어나면서 나라가 서서히 기울기 시작했어. 귀족들은 걸핏하면 반란을 일으켰고, 심지어는 왕을 해치고 왕위를 빼앗기도 했지. 이런 혼란은 신라가 멸망할 때까지 이어졌어.

이러다 보니 나랏일은 뒷전이었어. 게다가 왕과 귀족들이 사치를 부린 탓에 백성들에게서 걷은 세금도 바닥을 드러낸 지 오래였지. 그럴수록 귀족들은 오히려 세금을 더 내라며 백성들을 쥐어짰어.

결국 백성들은 집과 땅을 잃고 이곳저곳을 떠돌거나 노비가 되었지. 도적과 한패가 되어 도둑질하는 사람도 생겨났어. 평화롭던 신라 앞바다에도 어느덧 해적이 들끓었지. 이들 해적은 해안가를 닥치는 대로 약탈하고 사람을 납치해 노비로 팔아넘겼어.

어린 시절, 당나라로 건너갔던 궁복은 활 솜씨를 인정받아 당나라 병사가 되었어. 그러던 어느 날, 노비로 팔려 온 신라 아이들을 보고 신라로 돌아가 해적을 소탕해야겠다고 마음 먹었지. 이 청년이 훗날

동북아시아 바다를 장악한 해상왕 장보고야.

신라로 돌아온 장보고는 곧바로 수도 금성(경상북도 경주)으로 향했어. 그러고는 당시 신라를 다스리던 흥덕왕에게 이렇게 건의했지.

"해적들이 우리 신라 사람을 붙잡아 당나라에 노비로 팔아넘기고 있습니다. 저에게 군사를 내어 주십시오. 이들과 함께 신라 앞바다에서 활개 치는 해적들을 모두 물리치겠습니다."

흥덕왕은 장보고의 요청에 고개를 끄덕였어. 왕의 허락을 얻은 장보고는 오늘날 완도에 해군 기지인 '청해진'을 설치했지.

장보고가 완도를 기지로 삼은 데는 이유가 있었어. 청해진은 당시 당나라와 신라, 일본을 잇는 중요한 길목에 있었거든. 장보고는 무역

▲ 장보고 흉상

▲ 전라남도 완도에 청해진이 설치되었던 곳

이 활발했던 당나라에 머무르며 보고 배운 덕분에 교역이 얼마나 중요한지 잘 알고 있었어. 그래서 해적을 몰아내 바닷길을 안전하게 만들고, 그다음 청해진을 발판 삼아 해상 무역을 장악하기로 마음먹었지. 계획대로 장보고는 해군을 조직해 해적 소탕에 나섰어. 장보고의 활약으로 해적들은 점차 자취를 감추었고 바닷길은 안전해졌지.

　청해진 부근의 바닷길을 완전히 손에 넣은 장보고는 적극적으로 무역에 나섰어. 당나라와 일본에 배를 보내 당나라에서 가져온 진귀한

물건을 신라와 일본에 팔고, 신라와 일본의 물건을 당나라에 팔아 막대한 이익을 얻었지. 장보고와 청해진의 위상은 나날이 높아져서 당나라와 신라, 일본 간의 해상 무역을 주도하게 되었어.

▲ 신라의 해상 교역로

▲ 법화원 전경
중국 산둥반도에 있는 절이야. 장보고가 세웠다고 하지.

신라와 당나라의 교역이 왕성해지면서 신라인들이 오고가는 곳에 신라인 집단 거주지인 신라방이 생겨났어. 이곳에 신라인들의 사찰 신라원도 만들어졌지. 신라원은 불교를 믿었던 신라인들이 평상시에 예불을 드리는 곳이자, 안전한 항해를 기원하는 곳이었지. 그중에서도 산둥반도에 있는 법화원은 장보고가 세운 절이야.

최초의 코리아타운, 신라방

 당나라와 교류가 늘어나면서 당나라로 향하는 신라인의 숫자도 크게 늘었어. 최치원과 같은 유학생에서 승려와 상인, 그리고 장보고와 같은 군인까지 하는 일도 여러 가지였어. 그러자 신라와 당나라를 연결하는 배가 도착하는 산둥반도나 상하이 쪽에 많은 신라인들이 모여들었지. 이처럼 신라인들이 모여들자 신라 마을인 '신라방'이 생겨났고, 신라인들을 위한 절과 관청 등도 설치되었어. 그중 대표적인 곳이 장보고가 지은 법화원이었단다.
 법화원은 당나라에 살고 있거나 당나라를 오가는 신라인들의 신앙 거점이면서 신라와의 연락을 담당하는 역할도 했어.

생각 톡톡

연표

372년
고구려 소수림왕, 불교 수용

384년
백제 침류왕, 불교 공인

194년
고구려 고국천왕, 진대법 실시

612년
고구려, 살수 대첩

553년
나제 동맹 깨짐

660년
백제 멸망

668년
고구려 멸망

427년
고구려 장수왕, 수도를 평양성으로 옮김

433년
나제 동맹 결성

475년
백제, 수도를 웅진으로 옮김

538년
백제, 수도를 사비로 옮김

527년
신라 법흥왕, 불교 공인

676년
신라, 삼국 통일

698년
발해 건국

828년
청해진 설치

찾아보기

각저총 씨름도	82
거서간	23, 25
고국천왕	9, 10, 13, 106
골품제	94, 95, 96
관등	37, 38
광개토 대왕	10, 11, 13, 31, 52, 57
광개토 대왕릉비	52
근초고왕	18, 19
나당 연합	68
나제 동맹	49, 50, 51, 106, 107
대조영	86, 87, 88
덩이쇠	27, 29
마립간	23, 24, 25
무용총 무용도	40
무용총 수렵도	55
법흥왕	38, 43, 46, 107
불국사	74, 75, 76, 77
비류	15, 16
빈공과	97
살수 대첩	60, 63, 106
서역	81, 82, 83
서울 풍납동 토성	17
석굴암	74, 75, 76, 77, 78
성골	94, 95
수산리 고분 벽화	54
연호	10
온조	16, 17
요동	9, 10
요동성	62
위례성	16, 17
을지문덕	60, 62, 63
이차돈	46

장군총	57
장보고	99, 101, 102, 103, 104, 105
장수왕	11, 12, 13, 14, 49, 52, 57, 107
진골	94, 95, 96
진대법	10, 106
진흥왕	50, 51, 52

차차웅	22, 23, 25
천마도	55
청해진	101, 102, 103, 107
최치원	93, 95, 96
칠지도	20

| 피라미드 | 57 |

| 한강 | 12, 15, 16, 17, 18, 47, 48, 49, 50, 51, 68, 69 |
| 해동성국 | 85, 87, 90 |

사진 저작권

8 국내성 성벽(동북아역사재단)
9 국내성 주변의 고구려 무덤들(게티이미지코리아)
17 서울 풍납동 토성(국가유산청)
19 검은 닭 모양 항아리(국립공주박물관)
20 칠지도(복제 유물)(게티이미지코리아)
24 경주 계림(국가유산청)
29 덩이쇠(게티이미지코리아)
30 가야의 철기(국가유산청)
31 지산동 고분군(국가유산청)
33 가야의 금동관(국가유산청) | 가야의 수레바퀴 모양 토기(국립중앙박물관)
39 신라의 금관(국립중앙박물관) | 백제 무령왕 금제 관식(국립부여박물관) | 고구려 고분 속 백라관을 쓴 인물(한성백제박물관)
40 무용총 무용도(동북아역사재단)
42 익산 미륵사지 석탑(국가유산청)
44 금동 연가 7년명 여래 입상(국립중앙박물관) | 금동 미륵보살 반가 사유상(국립중앙박물관) | 백제 금동 대향로(국립부여박물관)
45 서산 용현리 마애 여래 삼존상(게티이미지코리아) 황룡사 9층 목탑 모형(국립경주박물관)
46 이차돈 순교비(국립경주박물관)
48 경기도 김포 평야 전경(셔터스톡)
50 부여 궁남지(셔터스톡)

51 북한산 신라 진흥왕 순수비(국립중앙박물관)
52 충주 고구려비(국가유산청)
54 수산리 고분 벽화(동북아역사재단)
55 무용총 수렵도(동북아역사재단) | 천마도(국립중앙박물관)
57 이집트의 피라미드(셔터스톡) | 고구려 장군총(셔터스톡)
63 〈살수 대첩〉 민족 기록화(전쟁기념관)
71 〈매소성 전투〉 민족 기록화(전쟁기념관)
74 경주 불국사의 청운교와 백운교(셔터스톡)
75 불국사 3층 석탑(국가유산청) | 불국사 다보탑(국가유산청)
76 경주 석굴암 본존불상(국가유산청)
78 석굴암 유구(게티이미지코리아)
80 황남대총에서 발견된 유리병과 유리잔(국가유산청)
81 천마총에서 나온 유리잔(국가유산청) | 경주 원성왕릉 석인상(국가유산청)
82 각저총 씨름도(한성백제박물관)
83 《왕오천축국전》(복제 유물)(원주역사박물관) | 둔황 석굴(게티이미지코리아)
88 유득공의 《발해고》(국립민속박물관) | 정효 공주 묘 벽화(동북아역사재단)
91 발해의 건물터(게티이미지코리아) | 고구려 기와(국립중앙박물관) | 발해 기와(국립중앙박물관)

96 최치원의 초상화(국립중앙박물관)

101 장보고 흉상(게티이미지코리아) | 전라남도 완

    도에 청해진이 설치되었던 곳(국가유산청)

103 법화원 전경(게티이미지 코리아)

* 이 책에 쓴 사진은 해당 사진을 보유하고 있는 단체와 저작권자의 허락을 받았습니다.
* 저작권자를 찾지 못해 사용 허락을 받지 못한 사진은 저작권자를 확인하는 대로 허락을 받고, 출처를 표시하며 통상의 사
  용료를 지불하겠습니다.

생각을 여는 처음탄탄 한국사 02

초판 1쇄 발행 2024년 09월 02일
초판 2쇄 발행 2024년 11월 12일

글 김태규 **그림** 이소영(마마코코)
발행처 주식회사 스푼북 **발행인** 박상희 **총괄** 김남원
편집 길유진 김선영 박선정 이지은
디자인 정진희 권수아 **마케팅** 박병건 박미소
출판신고 2016년 11월 15일 제2017- 000267호
주소 (03993) 서울시 마포구 월드컵북로6길 88-7 ky21빌딩 2층
전화 02- 6357- 0050(편집) 02- 6357- 0051(마케팅)
팩스 02- 6357- 0052 **전자우편** book@spoonbook.co.kr

ⓒ 김태규, 이소영(마마코코) 2024
ISBN 979-11-6581-549-3 (73910)

* 저작권법에 의하여 한국 내에서 보호를 받는 저작물이므로 무단 전재와 무단 복제를 금합니다.
* 잘못 만들어진 책은 구입하신 곳에서 바꾸어 드립니다.

제품명 생각을 여는 처음탄탄 한국사 02		⚠ **주 의**
제조자명 주식회사 스푼북 | **제조국명** 대한민국 | **전화번호** 02-6357-0050		
주소 (03993) 서울시 마포구 월드컵북로6길 88-7 ky21빌딩 2층		아이들이 모서리에 다치지
제조년월 2024년 11월 12일 | **사용연령** 10세 이상		않게 주의하세요.
※ KC마크는 이 제품이 공통안전기준에 적합하였음을 의미합니다.